마중돌

문학들 시인선 040

오형록 시집

마중돌

문학들

시인의 말

바닷가에서
몸으로 우는 몽돌처럼
반들반들하게 닳아버린 몸과 마음을
잠시 하얀 백지에 내려놓고
우직한 한 마리 황소가 되어
되새김질을 시작합니다

2025년 가을
오형록

차례

5   시인의 말

제1부

13   마중돌
14   고향으로 돌아오다
16   앙고라토끼
18   장맛비
20   지울수록 떠오르는 것들
21   월동밭을 갈아엎으며
22   농사의 맛
24   우리는 밀밭에 앉았지
26   콤바인이 지나간다
28   존재에 대하여

제2부

33 태풍 매미
34 하우스에 새 옷을 입히며
36 농심
38 시집가던 날
39 고양이 소전 1
40 고양이 소전 2
41 도사리
42 하우스로 향하네
44 농사꾼의 하루
45 바라기

제3부

49 미황사 괘불
50 황소의 눈물
51 파랑새의 노래
52 우항리 퇴적암
53 목포항
54 울돌목
55 해남 월동배추
56 해남의 특산품 – 고추를 수확하며
57 상상의 재료 – 고추밭에서
58 해남의 특산품 – 친환경 밀밭
60 황소와 나

제4부

65 발자국
66 혓바늘
67 날개
68 눈
70 마음의 촛불
71 세월
72 세월이 그린 명화
74 복숭아
75 호반산장 – 들풀작가회 즉흥시
76 보조개 꽃 – 시아문학 문학기행
77 홍시
78 벌을 받았다
80 어미의 마음
82 어떤 설
84 항문 없는 그릇

86 **해설** 낭만적 리얼리스트가 고향에서 부르는
21세기의 농요農謠 _ 김규성

제1부

마중돌

눈이 무릎까지 쌓인 날은
큼지막한 돌 몇 개 트럭 짐칸에 싣는다

오늘은 무슨 일이 있어도
오이 접목을 해야 한다

지긋이 가속을 붙여 빙판길을 지날 때
위험을 마중하며 또 하루를 열어가는
바윗돌

아직 아무도 지나지 않은 신비로운 하얀 길에
선명한 바퀴 자국을 남기며 앞으로 나아가는

마중돌

고향으로 돌아오다

1990년 2월 어느 날,
아내와 나는 보리밭 둑을 걷고 있었다
"이게 누구야 형록이 아니냐?"
"네 아저씨! 그동안 안녕하셨어요?"
싱그러운 풀 냄새와 구수한 사투리에
그동안의 긴장이 한순간에 풀렸다 그렇게
우리는 고향으로 돌아왔다

1980년대 후반, 나는
서울의 작은 수출업체에서 표구 기술자로 일했다
사촌 동생의 소개로 지금의 아내를 만났다
단란한 신혼을 꾸린 염창동 도시가스 뒤편
거실을 함께 쓰며 주인의 눈치를 보던
하루도 편히 쉴 수 없었던 단칸 신혼방에서
아내는 임신을 했다
연로하신 어머님을 모시기 위해
방이 많은 전셋집을 구하고 싶었지만
자금이 부족했다 그렇게
우리는 고향으로 돌아왔다

대나무로 둘러싸인 마당에 들어서자
얌실이 녀석이 연방 꼬리를 흔들었고
뒤이어 아버지가 뛰어나오셨다
덥수룩한 수염과 검정 고무신을 신은 아버지는
"그래 잘 왔다" 손을 잡아주었다
그렇게 우리는 고향으로 돌아왔다
논밭을 갈아엎고 씨앗을 뿌리고
비지땀을 쏟으며 부농의 꿈에 젖어
함빡 웃어도 보며

앙고라토끼

앙고라토끼 스무 마리로
부농을 꿈꾸었지
또당또당 망치질에
하루해가 번쩍번쩍 지나갔지
바라보기만 해도 배가 부르던 토끼들
깜찍하고 아름답고 순수했지
처음으로 털을 깎는 날,
발버둥치느라 온몸 상처투성이던 토끼들,
너무너무 미안했지
머큐로크롬을 발라주며
쓰다듬고 또 쓰다듬었지
또당또당 망치 소리
산 너머로 메아리쳤지
1년 만에 오백 마리로 불어난 토끼들,
눈빛만 봐도
그 마음 읽을 듯했지

7만 원 하던 토끼털 값이
폭락하더니

사료값 이하로 내려가버린 날
하늘이 무너져도
그보다 아프지는 않았으리
원하는 곳이면 어디든
무료로 토끼를 나누어주었지
텅 빈 토끼장 앞에서
지새우던 밤들
인생의 짠물을 벌컥벌컥 마시고
또 마셔야 했지
또랑또랑 망치질 소리
더 이상 울리지 않았지

장맛비

비닐하우스에 고추 모종 심었는데
뚝 떨어진 기온에 떡잎들 모두 시들어버렸다
그 자리에 오이 씨앗 뿌렸다가
고자리파리 유충 배만 불렸다 껍데기만
남은 형편에 새 종자를 파종하곤
거적으로 살며시 덮어주었다
떡잎들, 상토 헤치며
볼록볼록 고개 내밀던 밤
눈발은 치고 바람은 몰아치는데
낡은 전열선에 온기가 끊겨
꽁꽁 얼어붙던 하우스

가까스로 오이 모종을 심던 날
바람은 불고 또 함박눈은 쌓이고
물을 데워 관수를 하고 열풍기를 돌리던 밤
밤들,
봄이 와 첫 수확을 하고
출하를 끝낸 오늘
비 내린다 인건비도 건질 수 없는

폐농의 여름
비 내린다 죽죽 주룩 주르륵
장맛비 내린다

지울수록 떠오르는 것들

 쟁기질, 두둑 만들기, 비닐 덮기, 강선 활대 꼽기, 고추 심기, 터널 비닐 보온, 지하수 비닐 보온, 병충해 방제, 곁순 따기, 터널 벗기기, 지주목 설치, 잡풀 관리…… 하지만 하우스 옆 무농약 밀 재배단지는 벌레들의 소굴…… 퇴비, 석회, 비료, 비닐, 호스, 유인 끈, 그물, 수막 전기료, 농약값, 인건비…… 석 달 동안의 공력이 물거품 되던 날

월동밭을 갈아엎으며

올해는 배추가 풍년이라는데
배추밭엔 성난 트랙터 소리
울음 소리

올해는 배추가 풍년이라는데
애지중지했던 월동배추밭은 흉년이라네
모종하고
정식하고
관수하고
추비하고
농약하고
결속해온 세월을 눈 딱 감고 갈아엎는다네

배추밭엔 한숨 소리 푸념 소리
성난 트랙터의 검은 콧바람은 하늘을 찢는데

마지막은 그래도 짜장면에 중국산 김치라네
이것이 농자천하지대본農者天下之大本이라네

농사의 맛

참외 인공수분 4일째.

참외잎을 헤치며 꽃을 찾아 스프레이로 호르몬제를 살포하다. 꽃 찾아 삼만리. 하우스는 어느새 찜통. 다리가 아프고 허리도 아프다. 넋두리가 터진다. 아이고, 아이고, 포복 작물을 키우려면 사람도 낮게낮게 포복해야 한다. 머리가 아프고 눈앞이 흐려진다. 하우스 밖으로 머리를 내밀며 가쁜 숨을 몰아쉰다. 축 늘어져 하우스 밖으로 기어 나와 지하수를 켜고 찬물로 온몸을 마사지한다.

참외 인공수분 5일째.

아침부터 아하, 오늘은 시원한 게 하우스에서 일하기 좋은 조건이야! 우와! 일주일 전 수정한 참외가 아기 주먹만 하다. 하지만 이내 발걸음을 옮길 때마다 물이 찬 고무신이 괴상한 소리를 낸다. 손 좀 봐! 우리의 손은 물에 허옇게 불어 있다. 온몸이 칙칙하고 뻐근하다. 조심해! 엉덩이 퉁퉁 부을라! 우리는 이를 악물고 참는다. '찜탕전'에 이은 수중전이다.

참외 인공수분 6, 7, 8…

벌써 팬티까지 축축해 온다. 엉덩이가 축축하네요. 내 몸도 퉁퉁 부풀어 간다. 오후 7시. 초죽음이 되어 돌아온다. 돌아오면서 다시는 참외 재배를 하지 않겠노라, 다짐 또 다짐한다.

그날 밤 아내는 밤새 뒤척인다. 발목에, 무릎에, 허리에 온통 파스투성이, 파스 걸이 되었다.

참외 인공수분 12일째.

참외들이 눈에 뜨이게 성장했다. 여기저기 달걀만 하다. 마주 보고 웃는다 아내와 나. 하우스 옆 수풀에서 새들도 지저귄다. 빈 밭에서는 까투리의 속삭임이 들려온다. 구구구구 애들아! 이리 오렴! 꿩 꿩! 장끼가 놀랐는지 푸드덕푸드덕 날아오른다.

우리는 밀밭에 앉았지

우리는 오랜만에 산자락 밀밭으로 일을 나섰지
지난겨울 파종한 밀밭에는 잡초가 무성했지
잦은 비로 비실대는 밀들을 위해
3600여 평 밀밭에 비료를 뿌려주었지
웃거름을 주고 나서 돌아보니
열심히 잡초를 뽑던 아내가
"우리 이제 이 밭 그만 경작해요"
짜증 섞인 말투로 넋두리를 하였지
산에 오르고 싶은 마음을 꾹 참고
호미를 들고 밀밭에 쭈그려 앉아
김매기 작업을 시작했지 화색이 달라진
아내가 다정한 목소리로 말을 붙여왔지
두런두런 풀 뽑으며 어우러진 밀,
탐스러운 밀 이삭을 상상하며 팔목에 힘을 주었지
상쾌한 바람이 이마의 땀을 씻어 내리고
산새들의 노래가 아름답게 울려 퍼지고 있었지
산속에 묻힌 밀밭은 봄 내음으로
우리의 코끝을 쉴 새 없이 간질였지 그렇게
우리 마음의 잡초도 하나둘 뽑혀 나가고

얼마나 시간이 흘렀을까
다리도 아프고 허리도 아파올 때
"여보, 우리 잠깐 쉬었다 하는 게 어때요?
저기 능선에 올라가면 고사리가 올라와 있을 것 같은데요."
숨을 헐떡이며 산을 누비며
고사리를 두어 주먹 꺾어 든 우리의 입가엔
웃음꽃이 피어올랐지 그렇게
우리는 다시 밀밭에 앉았지

콤바인이 지나간다

콤바인이 보리밭을 쌩하니 지나가면
알곡들이 쏟아진다

 농번기가 다가오면 성냥간에서 담금질한 낫을 숫돌에 쓱쓱 갈아 날을 세웠다. 오뉴월의 뙤약볕 아래 우글우글하던 깔다구들, 물리면 부어오르고 긁으면 긁을수록 더 가렵던 보리밭.
 노랗게 익은 보리를 베어 조금씩 쌓아 말린 다음 짚으로 묶어 지게에 짊어지고 한곳에 모아 이엉으로 빙 둘러 빗물이 스며들지 않도록 노적을 쌓았다. 비가 내리면 다시 뒤집어 말리는데 심할 땐 밭에서 싹이 트기도 했다.
 경운기도 없던 시절, 외통기로 탈곡을 하고 나면 사람들은 아프리카 흑인들처럼 온몸 구석구석 먼지투성이가 되어 두 눈만 끔뻑거렸고 보리 까끄라기로 온몸이 껄끄름했다.
 건조 작업은 그때만 해도 보리 깍지에서 1차 건조 후 탈곡하여 멍석에 말렸다. 마른 보리를 짚 가마니에 정성스레 담아 리어카나 구루마에 싣고 공판장으로 가 등급별 수매에 응했다.
 그 시절이 엊그제 같은데,

언제 적 보리밭이냐 하고 쌩!
콤바인이 지나간다

존재에 대하여

귀를 가르는 굉음,
심장을 도려내는 처절한 음률에
비닐하우스는 금방이라도 찢겨 나갈 듯
우리는 이리 뛰고 저리 뛰며
제정신이 아니었다
천창이 위태로워 지붕으로 뛰어올라
물받이를 역류하는 물보라에 눈을 훔쳤지만
역부족이었다 지켜보던 동생이 올라오고
보다 못한 아내가 용기를 내어 올라왔다
그렇게 우리는 비닐 자락을 붙들고 늘어졌다
비바람이 하우스 지붕을 강타할 때마다
바짝 자세를 낮추며 스프링으로 찢겨 나가는
개폐 비닐을 고정해 갔다 더딘 작업에
몇 번이고 포기하고 싶었지만
입술을 깨물며
희망의 끈을 놓을 수 없었다
파르르 떨리는 손, 떨리는 가슴,
체온은 점점 떨어져 바닥은 아득한데
땅거미는 밀려오는데

한순간,
아무 소리도 들리지 않았다
잦아드는 비바람 속에
사위를 가득 메우는 살아 있음의 고요,
태풍 매미 속에 우뚝 선
우리들의 현존

제2부

태풍 매미

그 날갯짓 사나워라

죄 없는 비닐하우스

반신불수 되었네

하우스에 새 옷을 입히며

바람 없는 날
하우스에 새 옷을 입힌다
끈을 풀고
스프링을 뽑고
오래된 비닐을 걷는다
어머님과 아버님은 하우스 아래서
나와 아내는 하우스 지붕을 넘나들며
비닐을 가르고 둘둘 말아
아래로 내린다
언제 바람이 불지 모르는 게 인생
빵과 우유로 허기를 대충 채우고
새 비닐을 올린다
하우스 아래서 비닐을 펴 잡아주면
하우스 위에선 있는 힘껏 비닐을 당겨 올린다
영차! 영차!
여러 개의 지지대와 로프,
기계의 힘을 빌려
새 옷을 조심스레 입혀 나간다
2겹의 비닐을 올리고

하나씩 펼치고 당겨
비닐을 고정하는 스프링을 꼽는다
언제 바람이 불지 모르는 게 인생
영차! 영차! 화장실도 참아 가며
사흘 동안
200평 한 동에 새 옷을 입힌다

농심

방울토마토 모종이 늦어져
육묘장을 다녀왔다 사장은
모종 상태가 좋지 않아
10일 뒤에나 대체할 수 있다고 한다
다른 농가에 비해
한 달이나 수확이 늦어지다니

잔뜩 찌푸리던 하늘에서
세찬 소나기가 퍼붓는다
하우스가 걱정되어 가속 페달을 밟았는데
산모퉁이를 돌아서자
거짓말처럼 멈추었다
허탈감에 맥이 탁 풀린다

하우스 문을 내리고 집으로 오니
다시 빗줄기가 굵어진다
쏟아진다 원없이
쏟아진다 세상은 변화무쌍한 것
중심을 잡아야 한다

쏟아지는 빗줄기 속으로

다스려 보는 농심

시집가던 날

가을의 문턱, 꽃가마에 오르는 배추의 눈시울이 흥건하다

서리가 녹을 때까지 모닥불에 호호 몸을 녹이며 하루를 시작하는 가마꾼의 가슴도 설렘으로 가득하다

백년해로를 약속한 황토밭에 파김치가 된 몸을 눕히니 정들었던 형제자매가 아롱거린다

스프링클러의 세례식이 시작되었다

고양이 소전 1

 2007년 봄, 오이 수확하느라 구슬땀 흘리던 비닐하우스 안 밭고랑에서 너를 만났지 금방이라도 쓰러질 듯 탈진한 새끼고양이 세 마리, 고무신에 우유를 부어 입에 발라주니 정신없이 핥아먹었지

 다음 날 오이밭 가장자리에서 어미는 주검으로 발견되었지만 너희는 기력을 찾아 사람 뒤를 쫄랑대며 따라다녔지 암컷 한 마리는 오이 작업 도와주던 숙모가 데려가고 수컷 두 마리는 서로 의지하며 무럭무럭 자라 아이들의 귀염을 독차지했지

 어느 날 한 마리는 차에 치여 죽고 숙모의 고양이도 이유 없이 죽어버렸지 홀로 남은 네가 얼마나 외롭고 쓸쓸할까 그렇게 집으로 데려온 너는 한때 변을 가리지 못해 미운털이 박히기도 했지만 어느 날부터 쥐를 잡고 변도 가리면서 없어서는 안 될 소중한 가족이 되었지

 그로부터 13년, 수많은 일화를 우리에게 안겨주던 너는 네가 태어난 하우스에서 노환으로 파란만장한 삶을 마감했다

 살아 있는 모든 것들은 생과 사의 갈림길에 있다네
 그 맛과 빛과 향기의 농도가 존재의 질을 결정한다네

고양이 소전 2

 길냥이의 딸로 태어나 사흘 만에 엄마를 잃고 우유 몇 모금에 명줄을 붙잡았다 살아오면서 가슴앓이를 한 총각 한둘이 아니었지
 이따금 쥐약을 먹고 헛발질하는 사냥은 어이할까? 눈비와 꽃바람은 다정한 친구였어 목숨을 담보로 지킨 하우스에 꿈결 같은 행복이 영글었지

 억수로 비가 쏟아지던 오후
 천수를 다하고 하우스 옆 작은 언덕에 한 삶을 눕혔네

도사리

  대파밭에서 비 맞은 도사리들이 왁자지껄 잔치를 벌이고 있다 농부의 몸과 마음을 엉망진창으로 맹글어 놓고 뭐가 그리도 좋은지

  아무튼 니들은 그냥 놔둘 수 없어 맴은 일사천리였지만 관절은 설레설레 고개를 흔든다

  고 녀석들, 목소리가 점점 커지더니 옥신각신 말싸움이 붙었다 몸에 달라붙은 티셔츠는 갖은 애교를 다 부리지만 널 사랑하기는 쪼깐 힘들 것 같아

  땅거미가 몰려와서 물어뜯을 때 얼큰하게 취한 하루가 누울 자리를 찾는다 애궁 눈에 티가 들어갔는지 숨어버린 녀석들은 보이지 않고 키득거리는 소리만 가득하다

  붉게 타는 노을을 보니 내일도 푹푹 찔 것 같은디

하우스로 향하네

하우스로 향하는 발길이
차마 떨어지지 않네
가지 마라고
누가 붙잡는 것도 아닌데
고삐에 끌려가듯
도살장으로 실려가듯

구월의 하우스는 한증막
비지땀을 쏟다가 뛰쳐나가
냉수를 들이켜고
다시 비지땀을 쏟다가
연거푸 냉수를 들이켜고
현기증에 비실비실
기어나오네

그렇게 집으로 와 샤워하고
찬물에 밥 말아 먹고
밖으로 나오면
중천의 태양은

식지 않는 화구
누가 시키는 것도 아닌데
불을 뿜고 우리는
잔뜩 달아올라
입술을 깨물며 미적미적

하우스로 향하네

농사꾼의 하루

새벽 4시 50분. 숙모님 댁 고추 건조용 비닐하우스를 씌워드렸다. 고추를 말려야 하는데 장마에 고추가 썩어가고 있었다.

서둘러 아침을 먹고 오이밭에 다다르니 9시, 하우스 온도는 벌써 35도. 손수레를 끌고 한 두둑을 돌아 나오니 숨이 가쁘다. 이제부터는 이를 악문 나와의 싸움. 기진맥진 눈으로 파고드는 땀을 훔치느라 눈두덩이 달아오른다. 정신이 몽롱하다. 겨우 오이를 수확하고 비틀거리며 박스 작업까지 완료한 후 집으로 돌아와 거실에 그대로 뻗어버렸다.

고추와 된장으로 얼렁뚱땅 점심을 해결하곤 하우스 주변 잡초를 뽑는다. 온몸이 노곤해 신문지를 깔고 잠시 누우니 하루가 아득하다. 다시 집으로 돌아와 라면을 끓여 배를 채우고 작업해둔 오이 박스를 싣고 목포 공판장으로 향한다. 눈꺼풀이 내려앉는다. 천근이다, 만근이다, 이제 곧 낭떠러지… 길 가장자리에 차를 세운다.

얼마나 잤을까. 정신을 차리고 집에 돌아오니 벌써 내일이다.

바라기

그대가 눈깔사탕이라면 잠시 아구창을 호령했겠지만
이미 형체도 없이 녹아내렸을 거야

책갈피 속 네 잎 클로버를
가끔 꺼내 보는 마음 알지?

미리 발매한 승차권처럼
우리 가슴에 과녁이 없었다면
변덕스러운 눈물의 맛도 몰랐을 거야

숯덩이로 메이크업하고 속살을 지그시 깨무는 순간
더 이상 춥거나 배고플 일 없는 우린 닮은꼴의 바라기야

제3부

미황사 괴불

세상 만물이
하늘만 쳐다볼 때

미황사 뜰 앞에 괴불을 모시고
지극정성으로 기도하면

하늘의 문이 열리고
단비가 내렸다

황소의 눈물

황소가 뿔났다
재갈이 물리고 고삐에 묶여
사래 긴 밭을 갈면서도
쇠죽 한 솥에 흐뭇해하던 황소가
남태령에서
기나긴 밤을 지새우고 있다
한 많은 세월을 살아온
황소의 커다란 눈동자에
부글부글 끓어오르는
뜨거운 눈물
그 눈물을 보는 국민의 가슴에
뜨거운 샛강이 흘렀다
종이배를 타고 모여든 사람들이
엉겨 붙은 눈물을 닦아주고
얼어붙은 손도 호 호 불어주며
주린 배를 채워주고 있다

파랑새의 노래

겨울바람은 북풍한설인 줄로만 알았는데 이렇게 따스한 바람도 있군요

요동치는 국내외 정세도 아랑곳없이 평화를 구하는 파랑새의 노래가 귓전에 여울집니다

자유를 갈망하는 날개 없는 새는 12월 기나긴 밤에 명상에 들었습니다

삶이라는 칙칙한 동굴 속에서 하늘로 날아오르는 꿈을 간직한 파랑새들의 노래

질척거리는 황토밭에서는 달라붙는 흙을 떼어내도 금방 또 달라붙지요 아직 빈약한 것이 한입니다 부끄럽습니다

그래도 목청을 가다듬으며 재잘거리는 연습을 해 봅니다

촉촉한 샛강이 생기고 따뜻한 샘물이 솟아오르니 이것이 축복이요 행복입니다

우항리 퇴적암

옛 선착장만 덩그러니 남아
이곳이 포구였음을 증거하듯이

익룡, 공룡, 물갈퀴새 발자국이
8,300만 년 전의 삶을 증거하는 곳

그 오랜 세월을 먹고 자란 퇴적암도
떡시루처럼 둘러앉아 이야기꽃을 피우듯

세월의 틈바구니를 누비며 가쁜 숨을 고르는
우리들에게 잠시 퇴적의 시간을 선사하는

목포항

믿음직스런 해룡*이
천하제일의 방파제가 되어
깨알처럼 써 내려온 천년의 역사
항구에 울리는 뱃고동 소리는
젖무덤을 찾는 아이의
응석만 같아라

엄마의 눈빛처럼
다정다감한 항구의 불빛 아래
반영이 되어 출렁이는 희로애락이
자자손손 목포의 모태가 되어
꿈과 희망을 노래하고 있다

* 해룡 : 고하도

울돌목

아무리 날쌘 바람도

머리채 잡히고 꼬리 밟히는 곳

조상의 혼과 넋이 무엇을 말하는지

결코 흘려듣지 말자

해남 월동배추

된서리와 눈비를 맞아야
비로소 속이 깊어진다는 소문을 들은 적이 있나요

살을 에는 추위를 이겨내어
그만의 맛을 자랑하는 해남의 특산품을 아시나요

우리 모두 생사를 초월한 열정으로
맛깔스러운 삶을 연출해 볼까요

해남의 특산품
– 고추를 수확하며

태양이 원맨쇼를 펼치는 중복
40도를 넘어선 고추하우스
땀방울들이 월장을 한 빈집을
거미도 쳐다보지 않았다

노란 그림자와 검은 그림자가
엉금엉금 다가서는 점심 무렵
얼음물을 실은 소방차가
검은 연기에 휩싸인 빈집에
물대포를 쏘기 시작했다

자신을 담금질하고 싶다면
한여름 고추 수확을 해 볼 일이다
땀샘이 고갈된 빈집을 만나면
생각하지 못했던 새로운 지평이
그대 곁에 펼쳐지리라

상상의 재료
- 고추밭에서

어디 한 번 웃어 봐
네가 어여삐 웃을 때마다
나는 살이 쪄

속절없이 살이 찐다는 것은
희비가 엇갈리는 방정식이지만
이왕이면 행복을 주는 의식이라면
더 바랄 것이 없을 거야

상상이란 건축 재료는
예나 지금이나 돈으로 살 수 없지만
누에 고치 안방 같다고 하던데

우리 누에고치 침실에서
실밥을 풀어내며 빈둥거려 볼까?

풋고추는 된장과 궁합이 맞고
청양고추는 후끈 달아오르게 하지만
속성으로 살찌는 고추는
지금 어디에?

해남의 특산품
– 친환경 밀밭

해남군 황산면
연호리 냔냔이농원
친환경 밀밭에
봄비가 내린다

하룻밤 사이에
쑥쑥 자라난 청밀이
몸을 흔든다

잠잠하던 유년의 파도가
쉴 새 없이 철썩철썩
형용할 수 없는 갯내음이
삼라만상의 뿌리가 되어
폐부 깊숙이 파고든다

검정 소를 몰던 소년의 애마
더벅머리 검정 고무신이
이따금 수술대에 어금니를 깨물던
시간의 나이테가 욱신거리기 시작한다

바동거리던 하루가
보슬비의 등 뒤에서
눈을 흘기는 것은
무슨 까닭일까

황소와 나

가마솥에
맛있는 여물이
뜨거운 숨결을 토할 때

부삭 앞에 쭈그려
사그러드는 잿불에
고구마 몇 개를 묻고

구수 앞에
입술을 빨고 있는 황소에게
김이 모락모락한
여물을 주었다

왕방울만 한 눈동자에
그렁그렁 써 내려간
고맙다는 그 말에

내 가슴속
뿌듯한 미소가 쑥쑥 자라

꽃봉우리로 여물었다

죽재 한 주먹을 더
여물에 뿌려주었다

우리는 마주 보며
빵긋 웃었다

제4부

발자국

한 해의 마지막 날

내 발자국을 바라보았다

오로지 앞만 보고 달려온

내게 밟힌 풀잎들이 떠올라

얼굴이 화끈거렸다

헛바늘

왕벌이
침을 놓았다

빨간
상사화

몸과 마음에
구멍 뚫린 날

산들바람에도
소스라치는 꽃잎들

지그시
눈을 감는다

내가 나를
응시하는 시간

날개

어깨가 근질근질하다
퉁퉁 부어오른 어깨엔 신열이 가득하다

도대체 얼마나 더
피를 말려야 날개가 돋을까

날아오르고 싶으면 먼저 어깨를 비워야 한다고
가벼워져야 한다고

파랑새가 말했다
저만큼 파드득 날아가는 새

어깨가 무거운 나는
영영 날개를 갖지 못할까 봐

뒤척인다 밤새
어깨가 아프다

눈

고요한 호수에
눈먼 바람이 인다

어디서 와
어디로 가는 걸까

가슴속 응어리진
꾸깃꾸깃한 이야기보따리가

흩날린다
산천이 연신 가쁜 숨을 몰아쉰다

길을 알아서
눈이 내리는 것은 아닐 것이다

칠흑 같은 어둠을 뚫고
눈이 내리고

내가 가고

우리가 걸어온 길이 묻힌다

호수는 고요하고
다시 눈먼 바람이 인다

마음의 촛불

아내가
무릎 검사를 위해
홍익병원에 입원하였다

안주인 없는 집 안은
여기저기 생채기가 생기고
온수기마저 멈추었다

관절염 수술 후
어둠 속으로 기어드는 목소리에
마음의 촛불이 이성을 잃었다

한겨울이었지만
고장 난 심야 온수기를
고치지 않기로 하였다

찬물로 샤워를 할 때마다
이를 악물었다

세월

원시, 근시, 노안,
번데기 같은 가면,
대책 없이 스러져 가는 자존심,
무릎 연골.

우리는 모두
저 세월의 양식이구먼

토닥토닥 티격태격
위해주고 덮어주고 참아주며
넘어지지 않도록
손에 손잡고

어디 한번 저 세월을
거슬러 볼거나

세월이 그린 명화

당신의 얼굴에
눈길이 머물렀습니다

철없는 계절을 견인하느라
몸을 지탱하기도 버거운 듯
가쁜 숨을 몰아쉬고 있습니다

그 흔하디흔한
변명마저도 뼈 마디마디에
몰래 감추었더군요

주름살이 써 내려간 일기장
남몰래 흘린 눈물 자국을 보며
시곗바늘은 표류하기 시작했습니다

입버릇처럼 아프다고 했지만
일상으로 흘려들었던
내가 미워졌습니다

어느 날 척추에서
그 어느 날은 무릎 연골에서
감당키 어려운 시위가
시작되었습니다

복숭아

눈으로 터치한
너의 입술

짜르르
도홧빛 물결이
심장까지 파고드네

감미로움 너머
황홀경에
허우적허우적

가슴으로 피운
너의 속살이었구나

호반산장
– 들풀작가회 즉흥시

여름과 가을이 호반산장으로 마실 나왔다

배롱꽃 붉은 그림자 호반 위를 거닐고 속없는 길손 사색에 잠기는데

얼굴 없는 두 바람이 옥신각신 언성을 높일 때 면사포 쓴 하늘은 얼굴 붉히데

배롱꽃 흉내 내는 아기단풍아 가을은 아직 멀었건만 넌 벌써 취해버렸구나

핸들 잡은 손아귀에 뜨거운 눈물 고이거든 빙그레 한번 웃어주소서

오소서 두 계절이 실랑이는 호반산장으로 사뿐사뿐 즈려밟고 오소서

보조개 꽃
- 시아문학 문학기행

고흥
가족문학관 앞에서
뽀송뽀송한 바람이 달려와
뺨을 어루만질 때
우리는 갓 터뜨린 꽃송이처럼
향기를 내뿜기 시작했다
그동안
수많은 바람과 마주하였지만
이렇게 가슴이 뭉클한 적은
그리 많지 않았다
뽀송뽀송한 바람의 보조개 꽃이
끝없는 군락을 이룬 곳
어느새 우리 얼굴에도
빠알간 보조개 꽃이 피었네
계절이 뚜렷한
우리 강산에 태어난 것은
크나큰 자랑이요
행복입니다

홍시

당신의 오묘한 빛깔이
나의 눈과 코 그리고 혀끝에서
사르르 녹아들었다

나의 몸과 마음에
어느새 당신의 피가 흘러
내 가슴에 뿌리를 내렸다

세파의 온갖 유혹을 거부하고
태초의 은밀함을 간직한 하얀 뿌리가
몸과 마음을 지배하기 시작했다

당신과 함께 걷는
길의 가로수마다
주홍빛 열매가 주렁주렁하다

아무나 갈 수 없는 그 길에
떫은맛을 잘 우려낸 가슴 하나가
가부좌를 틀고 앉았다

벌*을 받았다

정종록 선생님께
벌을 받았다

벌 받을 짓은
하지 않은 것 같은데
눈시울이 뜨겁게 달아올랐다

비닐하우스에
주렁주렁한 고추를 생각하며
사랑의 벌을 내린 것이다

벌을 받아서 어깨가 아프다
그러나 심연의 강은
금빛 윤슬로 가득하다

하늘이 내린 수호신
선생님께 가는 배를 띄웠다
황금 물살을 가르는 배

선생님은 동방에서 온
귀인이다

* 벌 : 수분용 꿀벌(2023년 11월 25일)

어미의 마음

엊그제 심은 고추
땡볕이 한창인데 어쩌나

어슴푸레한 시간
한참을 적셔주었으니
오늘 하루쯤은 견딜 수 있겠지

시아문학 월례회가 끝나고
선상 낭송회도 가고 싶은데
아가들이 보챈다고 하면 어쩌지

벌초하러 가자고
여동생과 매제가 오겠다고 하는데
그도 난감하네

오메 깜빡 잊을 뻔했네
그러고 보니 오늘 마누라 생일이구먼
거시기 제비똥인가 파리똥인가
사주기로 했는데 큰일이네

아따 울 엄마 맴
인자사 쪼깐 알 것 같구먼
이것저것 다 챙겨야 하는
어미의 마음을

어떤 설

입을 팍 봉한 핸드폰이
참말로 꼴도 보기 싫었다

포기하고 있는데
핸드폰 주둥이가 씰룩이더니
오빠!
시방 우리 집으로 댕게가씨요

괴씸죄에 말고삐를 땡겼다

오후를 땡치며 맹글었다면서
생선구이 김치 매생이국 나물을
한 보따리 실어주었다

오밤중
수도꼭지 간을 맞추고
구석구석 칼칼이 씻었다

먼동이 틀 무렵

제기를 꺼내고 병풍을 펼쳤다

어제 지인에게 받은
떡국과 굴 백설기를 꺼내고
멸치 육수와 계란 지단을 만들었다

배 사과 식혜
특별 주문했던 홍어를 꺼내왔다

두부와 무를 넣고
육수와 다시다도 쬐끔 넣어가꼬
간을 맞추어 국도 끓였다

현관문은 살짝
등이란 등은 모두 켜놓고
동생이 준 구운 생선 나물과
정성으로 맹근 음식으로
홀로 차례상을 차렸다

항문 없는 그릇

본능적인 몸부림에는
무형의 그림자가 따라다닌다

깡통 하나 둘러메고
자꾸 미련한 덧셈만 외우는 세월

뼈와 살이 깎이는 고통쯤이야
얼마든지 견딜 수 있지만
와장창 파편으로 부서지는 가슴 어이할까

삶과 죽음이 줄다리기를 하는
여름의 문턱에 앉아
꾸벅꾸벅 졸지 마시게나

항문 없는 그릇에
무엇을 그리도 꼬약꼬약 채우려 하는가

여보시게, 저기 졸음 쉼터에서
운동화 끈도 조이고

눈동자도 닦고 가세나

| 해설 |

낭만적 리얼리스트가 고향에서 부르는 21세기의 농요農謠

김규성 시인

1.

마중물은 작두샘에서 지하에 담긴 물을 끌어올리기 위해 펌프 위에 붓는 물을 말한다. 이를테면 깊은 샘물을 마중하는 길잡이 역할을 하는 물의 고유어다. 마중물은 처음 한 번만 수고를 빌리면 종일토록 샘물을 길어 올릴 수 있는 마술을 부린다. 그런데 화자는 마중물에 빗대어 "마중돌"을 시어로 사용하며 권두시 제목으로 삼고 있다. 우리말에는 돌방석, 노둣돌, 주춧돌, 돌무덤, 돌장승처럼 '돌'이 앞뒤로 놓여 접두어와 접미어를 이루는 아름다운 낱말들이 부지기수다. 마중과 돌을 합성한 "마중돌"도 그중 하나로 마중물 못지않게 우리말의 감각적 묘미를 새삼 일깨워 준다.

이 시에서 마중돌은 눈길을 가기 위해 일정량의 돌을 차에 실어 빙판에 적응할 만한 무게를 맞추는 역할을 한다. 적정의 차중을 유지해 눈길을 마중(조율)하고 그 위를 달리는 데 필요한 장치다. 마중돌은 국어사전에도 잘 보이지 않지만 마중과 돌을 연상해가며 음미하는 말맛과 의미가 각별하다. 대개는 길을 갈 때 한사코 무게를 덜어 차림을 가벼이 하는 것이 상례인데 마중돌은 오히려 무게를 실어 길과의 보조를 맞추는 생활의 지혜에 속한다.

살다 보면 때로 일련의 고통이나 과제가 삶의 의지와 묘미를 북돋아 주는 도우미 역할을 하기도 한다. 도시생활을 청산하고 시골집에 내려와 흙과 땀으로 점철된 농부가 스스로에게 바치는 권농가인 이번 시집은 요소요소에서 실천궁행하는 마중돌의 의미를 부각시킨다. 물론 현재 농촌/농부의 현실은 예전의 '농자천하지대본'과는 상당한 거리가 있다. 그래도, 그럴수록 오형록은 순수자연의 지고한 함의를 옹골지게 실현하고자 한다. 그 시적 형상화의 상징이 마중돌이다. 그는 자연의 품 안에서 스스로를 다스려 안분安分의 길을 닦고 소담한 지족知足의 가치를 확대재생산한다.

눈이 무릎까지 쌓인 날은
큼지막한 돌 몇 개 트럭 짐칸에 싣는다

오늘은 무슨 일이 있어도
오이 접목을 해야 한다

지긋이 가속을 붙여 빙판길을 지날 때
위험을 마중하며 또 하루를 열어가는
바윗돌

아직 아무도 지나지 않은 신비로운 하얀 길에
선명한 바퀴 자국을 남기며 앞으로 나아가는

마중돌

― 「마중돌」 전문

    오형록의 이번 시집은 귀향으로부터 문을 연다. 여의치 못했던 도시생활의 피곤과 상처를 포근히 감싸주는 고향은 그의 시가 생성하는 화수분이자 모태다. 농촌을 삶의 터전으로 일구어 가는 그에게 고향은 언제 찾아가도 단절이 아닌 연속의 보금자리다.

1990년 2월 어느 날,
아내와 나는 보리밭 둑을 걷고 있었다
"이게 누구야 형록이 아니냐?"
"네 아저씨! 그동안 안녕하셨어요?"

싱그러운 풀 냄새와 구수한 사투리에
그동안의 긴장이 한순간에 풀렸다 그렇게
우리는 고향으로 돌아왔다

1980년대 후반, 나는
서울의 작은 수출업체에서 표구 기술자로 일했다
사촌 동생의 소개로 지금의 아내를 만났다
단란한 신혼을 꾸린 염창동 도시가스 뒤편,
거실을 함께 쓰며 주인의 눈치를 보던
하루도 편히 쉴 수 없었던 단칸 신혼방에서
아내는 임신을 했다
연로하신 어머님을 모시기 위해
방이 많은 전셋집을 구하고 싶었지만
자금이 부족했다 그렇게
우리는 고향으로 돌아왔다

대나무로 둘러싸인 마당에 들어서자
얌실이 녀석이 연방 꼬리를 흔들었고
뒤이어 아버지가 뛰어나오셨다
덥수룩한 수염과 검정 고무신을 신은 아버지는
"그래 잘 왔다" 손을 잡아주었다
그렇게 우리는 고향으로 돌아왔다
논밭을 갈아엎고 씨앗을 뿌리고

비지땀을 쏟으며 부농의 꿈에 젖어

함빡 웃어도 보며

－「고향으로 돌아오다」 전문

"그래 잘 왔다"는 아버지의 말씀. 이보다 더 따뜻하고 함축적인 모국어가 또 있을까. 화자에게도 아버지는 언제나 그런 분이다. "싱그러운 풀 냄새와 구수한 사투리"는 불안과 불편의 세월이던 "그동안의 긴장이 한순간에 풀"어지는 평화의 메시지며 안식의 온쉼표다. 그렇게 화자는 고향으로 돌아왔다. 단수이던 '내'가 아내(임신한)와 함께 복수의 "우리"가 되어 부족사회적 공동체인 '우리들'의 고향으로 돌아온 것이다.

2.

그러나 오형록이 되찾은 고향은 따뜻한 환대와 달리 녹록지 않았다. 터줏대감으로 평생 논밭을 갈고 가꾸어온 농사꾼들도 수시로 예기치 못한 재난에 시달리는 것이 농촌의 현주소였다. 숱한 시행착오와 난관은 예견된 수순이었다.

7만 원 하던 토끼털 값이

폭락하더니

사료값 이하로 내려가버린 날

하늘이 무너져도

그보다 아프지는 않았으리

원하는 곳이면 어디든

무료로 토끼를 나누어주었지

텅 빈 토끼장 앞에서

지새우던 밤들

– 「앙고라토끼」 부분

  시련은 어디에나 있었다. 자연은 은혜의 보고寶庫지만 때로는 재앙의 현장이기도 했다. 농촌 역시 예외가 아니었다. 그 지난한 아픔과 안타까움은 숱한 이농의 눈물 뒤에서 이러지도 저러지도 못한 채 남은 이들의 몫이었다. 농촌생활은 그들이 피곤에 젖은 온몸으로 써온 영농일기였다. 일찍이 농촌에서 나고 자란 후, 한참 도시에 나갔다가 다시 농부로 돌아온 화자가 그 사실을 모를 리 없다. 따라서 화자의 "존재"는 일거일동마다 "몇 번이고 포기하고 싶었지만/입술을 깨물며/희망의 끈을 놓을 수 없"는 치열한 리얼리스트이자 실존주의자일 수밖에 없다.

귀를 가르는 굉음,

심장을 도려내는 처절한 음률에

비닐하우스는 금방이라도 찢겨 나갈 듯
우리는 이리 뛰고 저리 뛰며
제정신이 아니었다
천창이 위태로워 지붕으로 뛰어올라
물받이를 역류하는 물보라에 눈을 훔쳤지만
역부족이었다 지켜보던 동생이 올라오고
보다 못한 아내가 용기를 내어 올라왔다
그렇게 우리는 비닐 자락을 붙들고 늘어졌다
비바람이 하우스 지붕을 강타할 때마다
바짝 자세를 낮추며 스프링으로 찢겨 나가는
개폐 비닐을 고정해 갔다 더딘 작업에
몇 번이고 포기하고 싶었지만
입술을 깨물며
희망의 끈을 놓을 수 없었다
파르르 떨리는 손, 떨리는 가슴,
체온은 점점 떨어져 바닥은 아득한데
땅거미는 밀려오는데
한순간,
아무 소리도 들리지 않았다
잦아드는 비바람 속에
사위를 가득 메우는 살아 있음의 고요,
태풍 매미 속에 우뚝 선
우리들의 현존

─「존재에 대하여」 전문

화자가 치러야 할 첫 고비는 "파르르 떨리는 손, 떨리는 가슴,/체온은 점점 떨어져 바닥은 아득한데/땅거미는 밀려오는데/한순간,/아무 소리도 들리지 않"는 절망의 극점이다. 농사의 상당 부분이 극한 상황과의 동행이기 때문이다. 그래도, 그럴수록 "입술을 깨물며/희망의 끈을 놓을 수 없"는 그것이 아들이자 남편이며 형으로서 공동체 내의 화자가 감내해야만 하는 지엄한 실존의 현주소다.

3.

그렇다고 좌절하거나 실의에 매몰된다면 그의 시는 한낱 농사에 실패해 자격을 상실한 농부의 넋두리에 지나지 않는다. 화자는 "다시는 참외 재배를 하지 않겠노라, 다짐 또 다짐"해 놓고도, 이내 "참외들이 눈에 뜨이게 성장"한 자연의 기적에 취해 온몸이 파스 투성이인 아내와 "마주 보고 웃는"다. 혼곤한 피로와 실의 속에서도 스프링처럼 털고 일어나 목마른 밭에 "스프링클러의 세례(「시집가던 날」)"를 주는 것이다. 그것이 고진감래를 몸소 실현하는 참다운 "농사의 맛"이기 때문이다.

　　참외 인공수분 6, 7, 8···

벌써 팬티까지 축축해 온다. 엉덩이가 축축하네요. 내 몸도 퉁퉁 부풀어 간다. 오후 7시. 초죽음이 되어 돌아온다. 돌아오면서 다시는 참외 재배를 하지 않겠노라, 다짐 또 다짐한다.

그날 밤 아내는 밤새 뒤척인다. 발목에, 무릎에, 허리에 온통 파스투성이, 파스 걸이 되었다.

참외 인공수분 12일째.
참외들이 눈에 뜨이게 성장했다. 여기저기 달걀만 하다. 마주 보고 웃는다 아내와 나. 하우스 옆 수풀에서 새들도 지저귄다. 빈 밭에서는 까투리의 속삭임이 들려온다. 구구구구 애들아! 이리 오렴! 꿩 꿩! 장끼가 놀랐는지 푸드덕푸드덕 날아오른다.

— 「농사의 맛」 부분

농부는 작물에 대한 모정을 그 생명줄로 삼는다. 주인의 마음이 아니라 어미의 마음이다. 작물에 대한 동지적 애정과 겸손이 그 마음의 실상이다. 일은 손과 땀이 하지만 작물과의 대화는 가슴으로 하는 것이다. 아래의 시에는 그런 일체감이 면면히 서려 있다.

가을의 문턱, 꽃가마에 오르는 배추의 눈시울이 흥건하다

서리가 녹을 때까지 모닥불에 호호 몸을 녹이며 하루를 시작하는 가마꾼의 가슴도 설렘으로 가득하다

　백년해로를 약속한 황토밭에 파김치가 된 몸을 눕히니 정들었던 형제자매가 아롱거린다

　스프링클러의 세례식이 시작되었다
- 「시집가던 날」 전문

　배추를 실어 보내며 마치 애지중지하던 딸을 시집보내는 것처럼 "눈시울이 흥건하"다. 단순한 식물의 의인화가 아니라 물아일체의 자연관에서만 가능한 감성의 극치다. 이 정도는 되어야 비로소 참 농부일 수 있는 것이다. 농부의 길은 때로 험난하지만 그 꿈은 소박하고 발걸음마다 자연의 음수율이 깃들어 있다. 화자는 작은 행복의 파이를 소중히 키우며 안분지족의 현자적 지혜를 생활화한다.

　겨울바람은 북풍한설인 줄로만 알았는데 이렇게 따스한 바람도 있군요
　요동치는 국내외 정세도 아랑곳없이 평화를 구하는 파랑새의 노래가 귓전에 여울집니다
　자유를 갈망하는 날개 없는 새는 12월 기나긴 밤에 명상에 들었습니다

삶이라는 칙칙한 동굴 속에서 하늘로 날아오르는 꿈을 간직한 파랑새들의 노래

질척거리는 황토밭에서는 달라붙는 흙을 떼어내도 금방 또 달라붙지요 아직 빈약한 것이 한입니다 부끄럽습니다

그래도 목청을 가다듬으며 재잘거리는 연습을 해 봅니다
촉촉한 샛강이 생기고 따뜻한 샘물이 솟아오르니 이것이 축복이요 행복입니다

-「파랑새의 노래」 전문

"삶이라는 칙칙한 동굴 속에서 하늘로 날아오르는 꿈을 간직한 파랑새들의 노래"는 저절로 주어지는 게 아니다. 암울한 세파 속에서도 "12월 기나긴 밤에 명상에 들"고 "목청을 가다듬으며 재잘거리는 연습을" 해야만 부를 수 있는 부단한 노력의 결실이다. 그렇게 파랑새의 화신인 화자는 "질척거리는 황토밭에서는 달라붙는 흙을 떼어내도 금방 또 달라붙"지만 "촉촉한 샛강이 생기고 따뜻한 샘물이 솟아오르니 이것이 축복이요 행복"이라는 속다짐을 주문/기도문처럼 연신 되새긴다.

4.

 로버트 프로스트의 시에 「가지 않은 길」이 있다. 두 갈래 길에서 잠시 머뭇거리다 그중 하나의 길을 택해 거닐어 온 시인이 미처 걸어 보지 못한 다른 길에 대한 아쉬움을 모호한 어법으로 은밀히 내비친 영미 현대시의 대표시 중 하나다. 그 이면에는 자신이 선택이 옳았다는, '자기 긍정'의 확신을 다독이는 의미도 중의적으로 담겨 있어서 한결 진폭과 여운이 오래 남는 시이기도 하다.

 인간은 평생에 걸쳐 숱한 선택의 기로에 놓이기 일쑤다. 그러나 그 선택이 꼭 최선이었다고 속단하기는 어렵다. 어떤 평가든 돌이켜 보는 시각에 따라 다양한 사후적 주문과 해석이 뒤따를 수 있기 때문이다. 길 위의 나그네인 인간의 여정은 '걸어온 길', '걷지 않은 길', '걷지 못한 길'로 나눌 수 있다. 걸어온 길이 무리하지 않고 타협 혹은 순리를 좇은 경우라면 걷지 않은 길은 확고한 의지가 반영된 '독단적 거절'의 경우로 볼 수 있다. 문제는 '걷지 못한 길'인데 이에는 여건이나 주위 환경에 밀려 자신의 의지를 살리지 못한 아쉬움이 뒤끝으로 남기 쉽다. 이어서 길의 속내는 경로에 따라 길 따라 걸어온 길, 길을 내며 걸어온 길, 길 아닌 길을 좇아온 길로 분류할 수 있다. 이 삼자 사이에는 엄청난 생의 변수와 장단長短이 가로놓여 있다. 인생의 경우에는 첫 번째와 두 번째가 바람직하지만 시에서 첫 번째의 경우는 가급적 피해야 한다. 시는 두 번째와 세 번째의 경우, 즉 창조와 모험, 의지가 중요한 비중을 차지하기 때문이다. 같은 맥락에서 오형록의 시세계도 숨은 빛을 발한다. 그의 시는 '걷지 못한 길'을 '길을 내며 걸어가는 길'로 탈바꿈 시켜, 변화무쌍의 늪을 개척해 가는 의연한 항심 그리고 불굴의 의지가 합작한 결정체다.

이제, 그의 시는 고통을 사유의 통로로 삼아 자연친화적 존재의 의미를 도출해 내고 이를 생활화하는 견자적 리얼리티가 요체를 이룬다. 요컨대, 자연과 마음이 하나가 되어 시공의 변화무쌍에 담담하게 적응하며 그 웅숭깊은 묘미를 음미하고자 하는 화자의 내면세계가 후반부에 갈수록 돋보인다.

> 고요한 호수에
> 눈먼 바람이 인다
>
> 어디서 와
> 어디로 가는 걸까
>
> 가슴속 응어리진
> 꾸깃꾸깃한 이야기보따리가
>
> 흩날린다

산천이 연신 가쁜 숨을 몰아쉰다

길을 알아서
눈이 내리는 것은 아닐 것이다

칠흑 같은 어둠을 뚫고
눈이 내리고

내가 가고
우리가 걸어온 길이 묻힌다

호수는 고요하고
다시 눈먼 바람이 인다

― 「눈」 전문

  "고요한 호수"는 인간의 본성을 가리킨다. 그 본성에 번뇌와 탐욕의 상징인 "눈먼 바람"이 이는 것이 인간의 일상이다. 그 불청객이 "어디서 와 어디로 가는"지 알 수 없지만 그래도 "호수는 원래 고요하다"는, 다시 말해 본래의 자아는 한결같다는 사실에 이 시의 방점이 찍혀 있음을 알 수 있다. 화자의 심지는 어느덧 달관의 경지에 이르러 있다. 그 정황은 아래의 시 「홍시」의 "아무나 갈 수 없는 그 길에/떫은맛을 잘 우려낸 가슴 하나가/가부좌를 틀고 앉았다"는 구절에서도 재확인된다.

> 당신의 오묘한 빛깔이
> 나의 눈과 코 그리고 혀끝에서
> 사르르 녹아들었다
>
> 나의 몸과 마음에
> 어느새 당신의 피가 흘러
> 내 가슴에 뿌리를 내렸다
>
> 세파의 온갖 유혹을 거부하고
> 태초의 은밀함을 간직한 하얀 뿌리가
> 몸과 마음을 지배하기 시작했다
>
> 당신과 함께 걷는
> 길의 가로수마다
> 주홍빛 열매가 주렁주렁하다
>
> 아무나 갈 수 없는 그 길에
> 떫은맛을 잘 우려낸 가슴 하나가
> 가부좌를 틀고 앉았다
>
> ―「홍시」 전문

"당신"과 나는 별개의 존재가 아니라 궁극적으로 일체다. "어느새 당신의 피가 흘러/내 가슴에 뿌리를 내렸다"는 절창에서 그 실체를 감지할 수 있다. "당신의 피"와 "내 가슴에" 내린 "뿌리"는 불가분의 협업체다. 부연하자면 "세파의 온갖 유혹을 거부하고/태초의 은밀함을 간직한 하얀 뿌리가/몸과 마음을 지배"하는 "아무나 갈 수 없는 그 길"의 척도다.

  일상과 초현실세계는 시적 배경과 주제의 두 축이다. 다양한 인간이 다양한 언어를 매개로 다채로운 삶을 영위하는 인간사회에서, 일상은 인간을 비롯한 주변 사물과의 관계에 따라 수시로 발생하는 무수의 문제점과 과제를 안겨준다. 이는 시인에게도 불가피한 시적 과제로 주어진다. 그 해결을 위해 시인들은 일상을 벗어나 이상적 초현실세계를 지향하는데 이에는 비범한 상상력과 창조적 에너지가 요구된다. 반면 일상의 구조 속에서 실존과 본질을 추구하며, 사회적 모순의 개선을 위해 노력하기도 한다. 여기에서 전자는 일상의 희로애락을 시적 메시지로 담아내며, 자연과 이웃에 대한 정감을 노래한다. 또 일상의 소소한 사건이나 변화에 주시하며 그 속에서 삶의 지혜와 가치를 구한다. 후자는 일상 속의 사회 개혁을 화두로 비판적 민주시민의 목소리를 대변하는 실천적 리얼리즘 시나 참여시 형태의 장르적 특성을 취한다.

  전자의 성향을 대표하는 오형록의 시는 대자연 속 농촌

을 무대 삼아 농사를 천직으로 생활화한 서정적 리얼리즘의 진수다. 도시 중심의 언어와 감각이 지배하는 시류 속에서도 지구의 허파 노릇을 하는 아마존 숲처럼 이런 시인이 버티고 있기에 서정시의 물길은 도도히 흘러 바다가 썩지 않게 정화할 것이다.

문학들시인선 040
마중돌

초판1쇄 찍은 날 | 2025년 12월 1일
초판1쇄 펴낸 날 | 2025년 12월 5일

지은이 | 오형록
펴낸이 | 송광룡
펴낸곳 | 문학들
등록 | 2005년 8월 24일 제2005 1-2호
주소 | 61489 광주광역시 동구 천변우로 487(학동) 2층
전화 | 062-651-6968
팩스 | 062-651-9690
전자우편 | munhakdle@daum.net
블로그 | blog.naver.com/munhakdlesimmian

ⓒ 오형록 2025
ISBN 979-11-94544-21-0   03810

- 잘못된 책은 바꿔드립니다.
- 이 책 내용의 전부 또는 일부를 재사용하려면
  반드시 저작권자와 문학들의 동의를 받아야 합니다.
- 책값은 뒤표지에 표시되어 있습니다.
- 이 책은 2025년 전라남도 해남군 문화예술진흥기금 사업의
  지원을 받아 제작되었습니다.